Colorier

Fais les calculs et colorie suivant
7 = bleu, 16 = rouge, 30 = jaune, 4

Objectif : calculer et utiliser un code associant des nombres à des couleurs.

Quel malheur !

2 Etienne a fait de grosses taches sur ses feuilles d'exercices. Ecris les nombres qui ont été effacés sur les taches.

28 : 2 = …

32 : … = 4

12 : … = 6

30 : … = 5

4 × 5 = …

4 × 7 = …

48 − … = 39

43 − 9 = …

30 + … = 60

… − 6 = 52

… + 42 = 50

3 … 4 = 12

Objectif : compléter une opération mathématique.

Quelques problèmes...

Réponds aux questions et écris le chiffre dans la petite case.

Thomas pêche

32 

9

Combien de poissons a-t-il pêchés ? ☐

Valentine a

28 

9

Combien de bonbons a-t-elle ? ☐

Eric joue avec

3 

18

5

Combien de billes a-t-il ? ☐

Le lapin mange

7 

28

Combien de légumes a-t-il mangés ? ☐

Aurélie a acheté

33 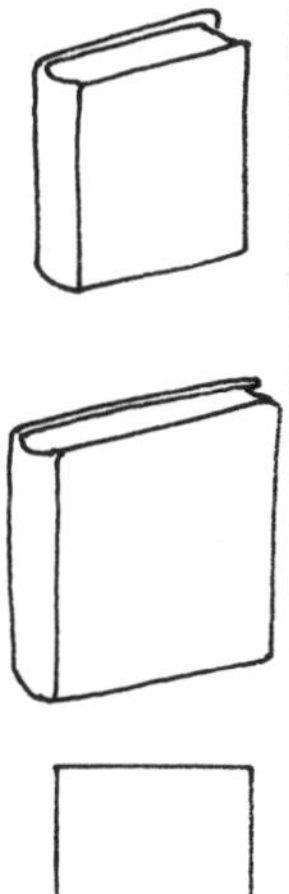

20

Combien de livres a-t-elle achetés ? ☐

L'écureuil a ramassé

46 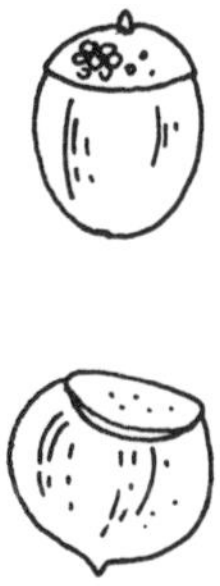

8

Combien de fruits a-t-il ramassés ? ☐

Objectif : résoudre des problèmes simples à l'aide de dessins.

Les formes

Ecris les bons numéros sur les formes du dessous. Si tu connais leur nom, écris-le sur les pointillés.

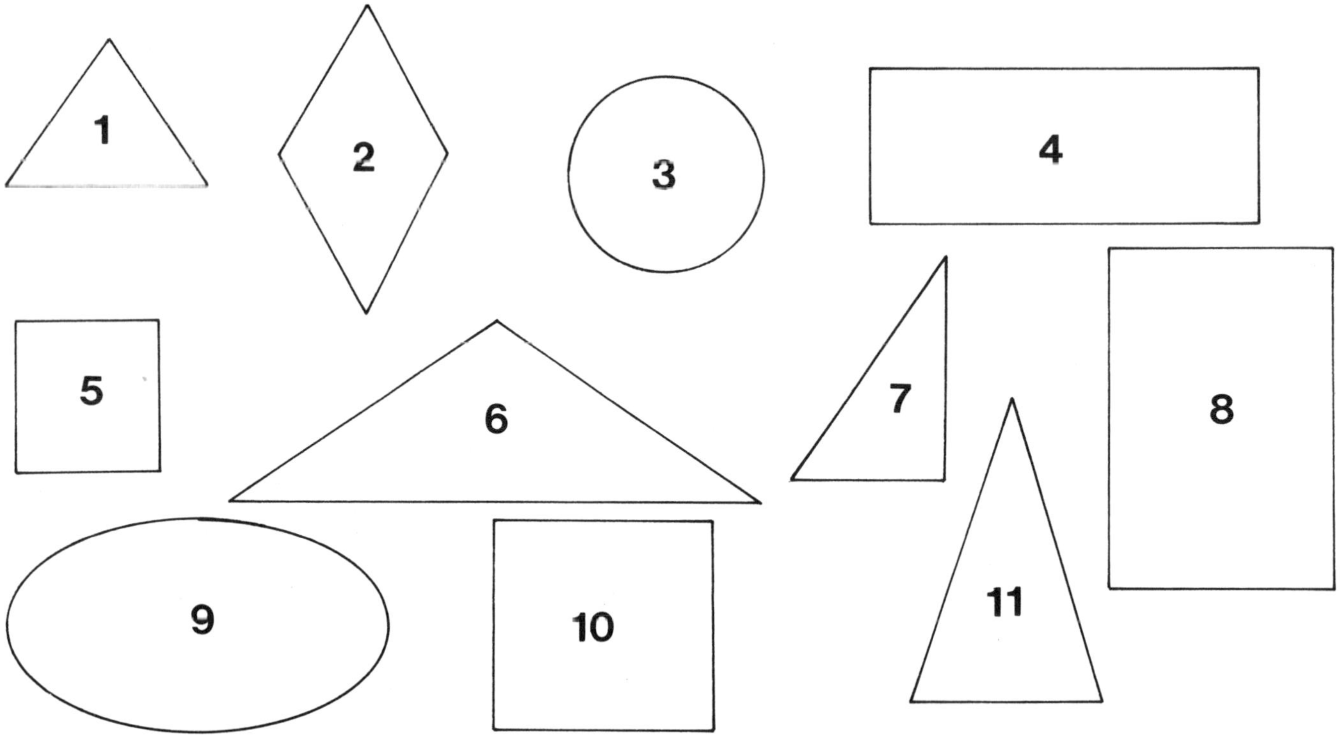

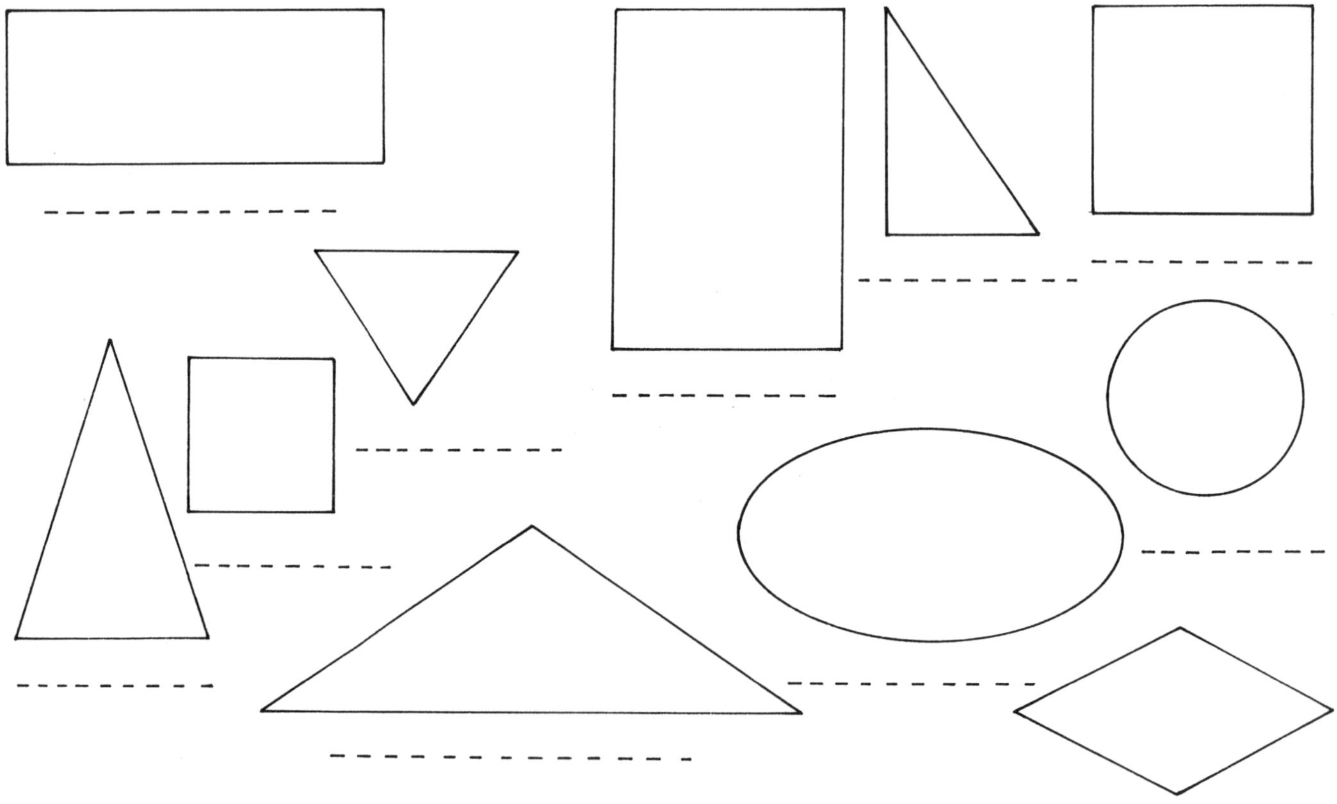

Objectif : reconnaître des formes et écrire leur nom.

Quel est mon animal préféré ?

Fais les calculs et relie les résultats identiques.

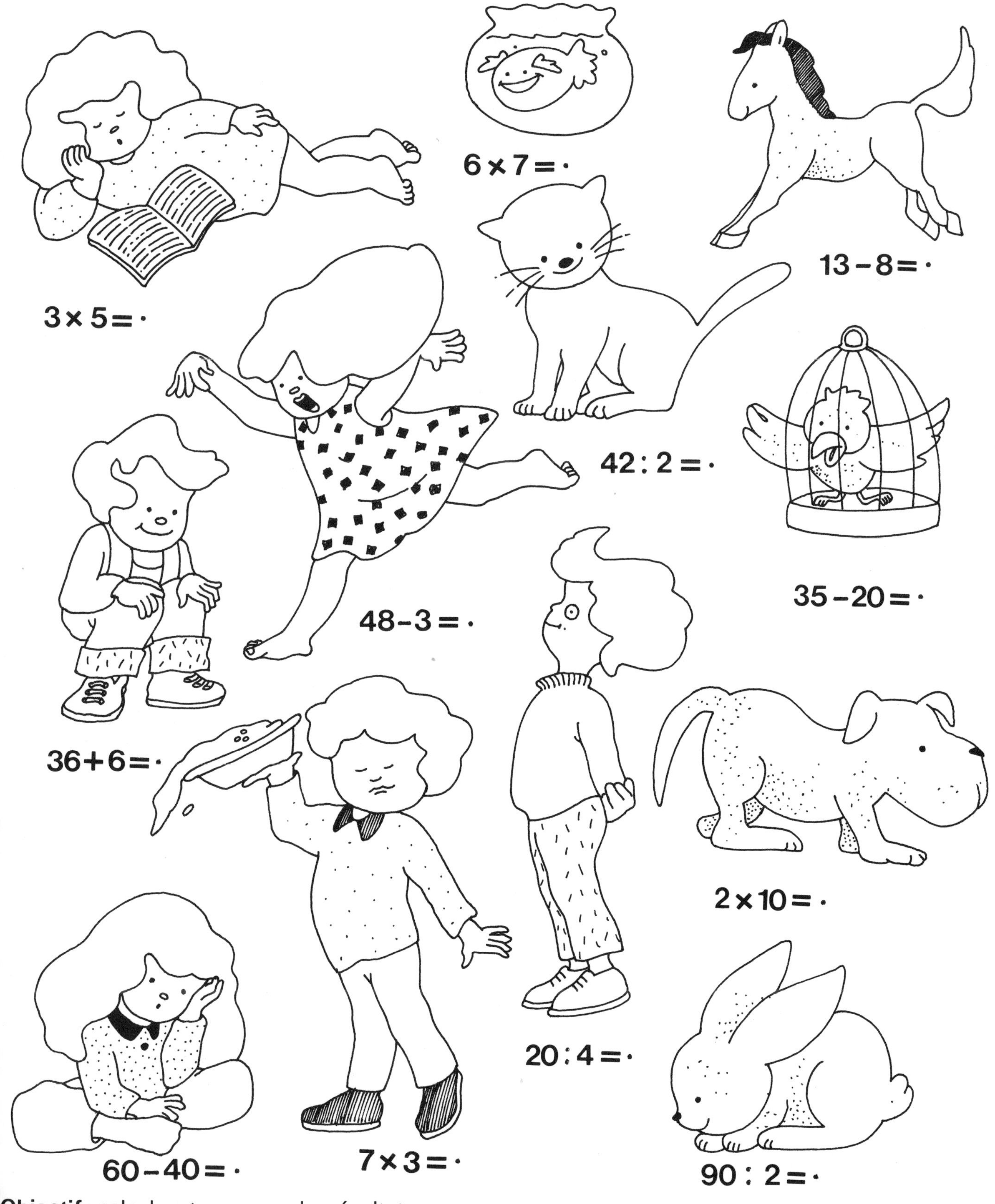

Objectif : calculer et comparer les résultats.

Fraise, banane, pistache

Six enfants vont acheter des glaces. Donne une glace différente à chaque enfant en utilisant chaque fois les trois parfums.

Objectif : exercice de combinaison de couleurs; logique.

Additions et soustractions

Fais tous les calculs.

20 + 25 = .
21 + 8 = .
31 – 6 = .
22 + 30 = .
65 – 7 = .
9 + 42 = .
60 + 28 = .
24 – 5 = .
53 – 2 = .
38 + 20 = .
42 – 7 = .
8 + 16 = .
64 – 4 = .
44 – 6 = .
62 – 30 = .
18 + 40 = .
27 + 9 = .
35 – 7 = .
68 – 20 = .
19 + 5 = .
30 + 21 = .
43 – 4 = .

8 + 16 = .
72 – 5 = .
38 + 3 = .
41 + 6 = .

22 + 40 = .
45 – 3 = .
11 + 22 = .
33 + 30 = .
20 – 8 = .
63 + 4 = .
17 + 9 = .
28 – 5 = .

32 + 50 = .
75 – 4 = .
30 + 19 = .
43 – 8 = .
3 + 54 = .
46 – 9 = .
8 + 33 = .
28 + 10 = .
8 + 12 = .
31 – 7 = .
76 + 4 = .
58 – 20 = .
44 + 5 = .
25 – 3 = .
13 + 9 = .
42 – 30 = .
7 + 12 = .
73 – 4 = .
34 + 60 = .
2 + 29 = .
49 – 7 = .
12 + 70 = .

Objectif : additionner et soustraire jusque 100.

Quelle heure est-il ?

Dessine les aiguilles des montres.

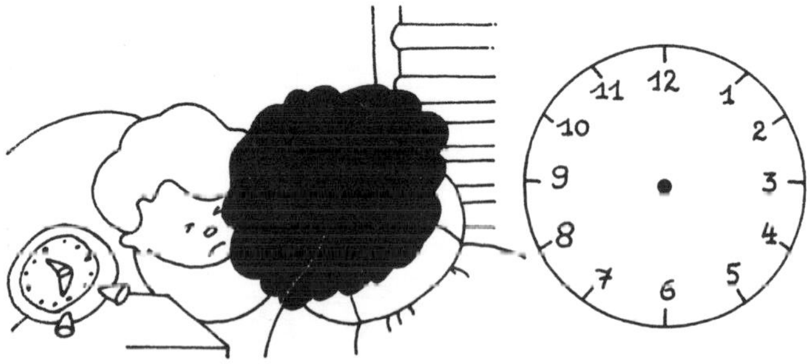

Yves et Christine se lèvent à 7 heures et demie.

A 9 heures, ils commencent à faire du traîneau.

3 heures et quart plus tard ils arrêtent. Quelle heure est-il ?

A midi et demie ils mangent.

A 14 heures ils commencent un énorme bonhomme de neige.

2 heures plus tard il est terminé. Quelle heure est-il ?

A 17 heures Yves rentre à la maison parce qu'il a froid.

Ils vont dormir 3 heures et quart plus tard. Quelle heure est-il ?

Objectif : maîtriser les notions d'heure, de demi-heure et de quart d'heure.

Les séries

Continue les séries de nombres.

2	4	6	8	10			
3	6	9	12	15			
1	3	5	7	9			
20	18	16	14	12			
10	20	30	40	50			
4	7	10	13	16			
4	8	12	16	20			
30	27	24	21	18			
5	10	15	20	25			
2	7	12	17	22			

Objectif : exercice de logique.

Labyrinthe

Pour aider l'explorateur Gaston à retrouver son trésor, fais tous les calculs et relie les nombres pairs du plus petit au plus grand.

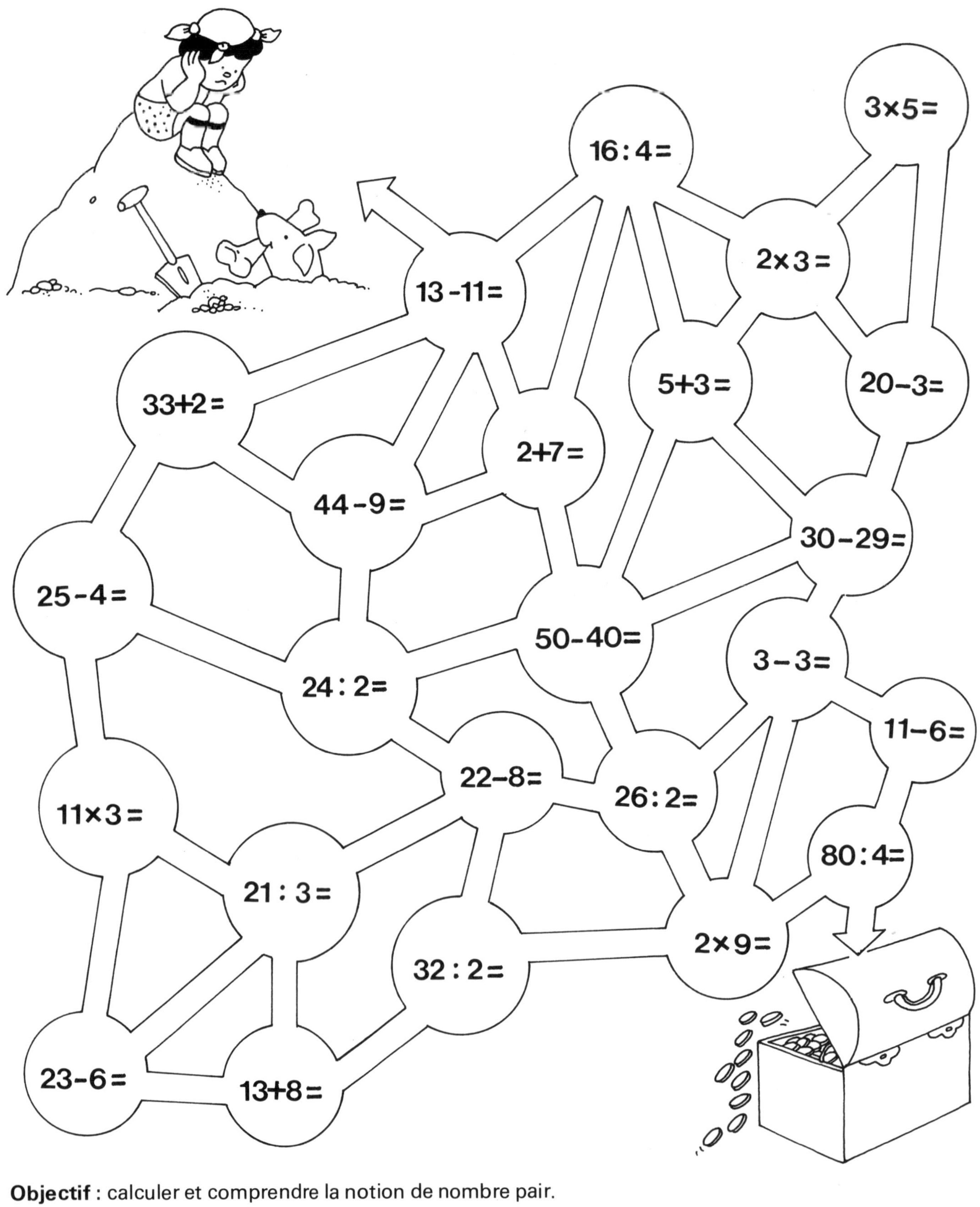

Objectif : calculer et comprendre la notion de nombre pair.

Les pattes des animaux

2 Les animaux n'ont pas tous le même nombre de pattes. Regarde bien les dessins et réponds aux questions.

	Combien de pattes ont : 1 oiseau : 2 oiseaux : 3 oiseaux : 4 oiseaux : 5 oiseaux : 6 oiseaux : 7 oiseaux : 8 oiseaux : 9 oiseaux : 10 oiseaux :
	Combien de pattes ont : 1 cheval : 2 chevaux : 3 chevaux : 4 chevaux : 5 chevaux : 6 chevaux : 7 chevaux : 8 chevaux : 9 chevaux : 10 chevaux :
	Combien de pattes ont : 1 papillon : 2 papillons : 3 papillons : 4 papillons : 5 papillons : 6 papillons : 7 papillons : 8 papillons : 9 papillons : 10 papillons :
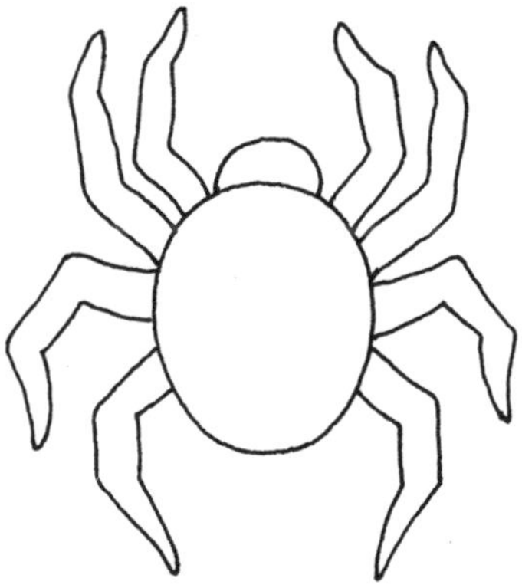	Combien de pattes ont : 1 araignée : 2 araignées : 3 araignées : 4 araignées : 5 araignées : 6 araignées : 7 araignées : 8 araignées : 9 araignées : 10 araignées :

Objectif : revoir les tables de multiplication de 2, 4, 6 et 8.

Dessine

Dessine la deuxième moitié des dessins.

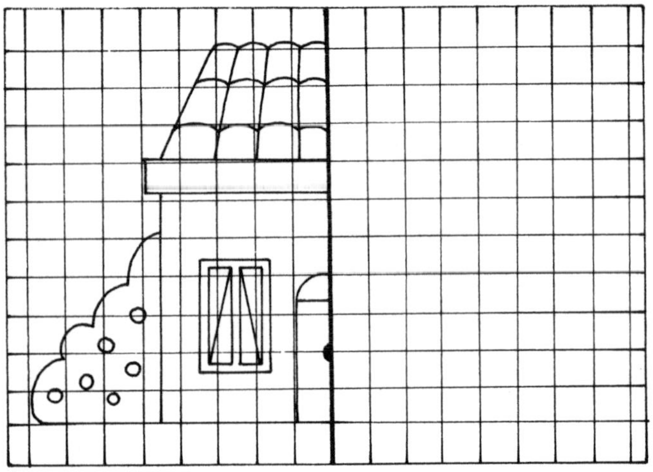

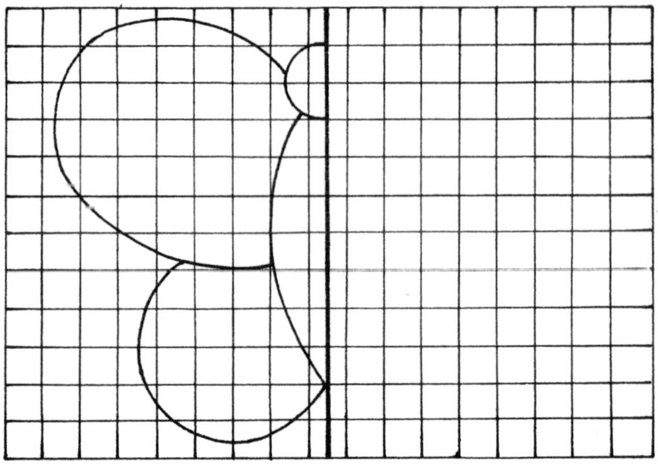

Dessine les deux dessins en miroir (tu peux voir si tu ne t'es pas trompé en utilisant un vrai miroir).

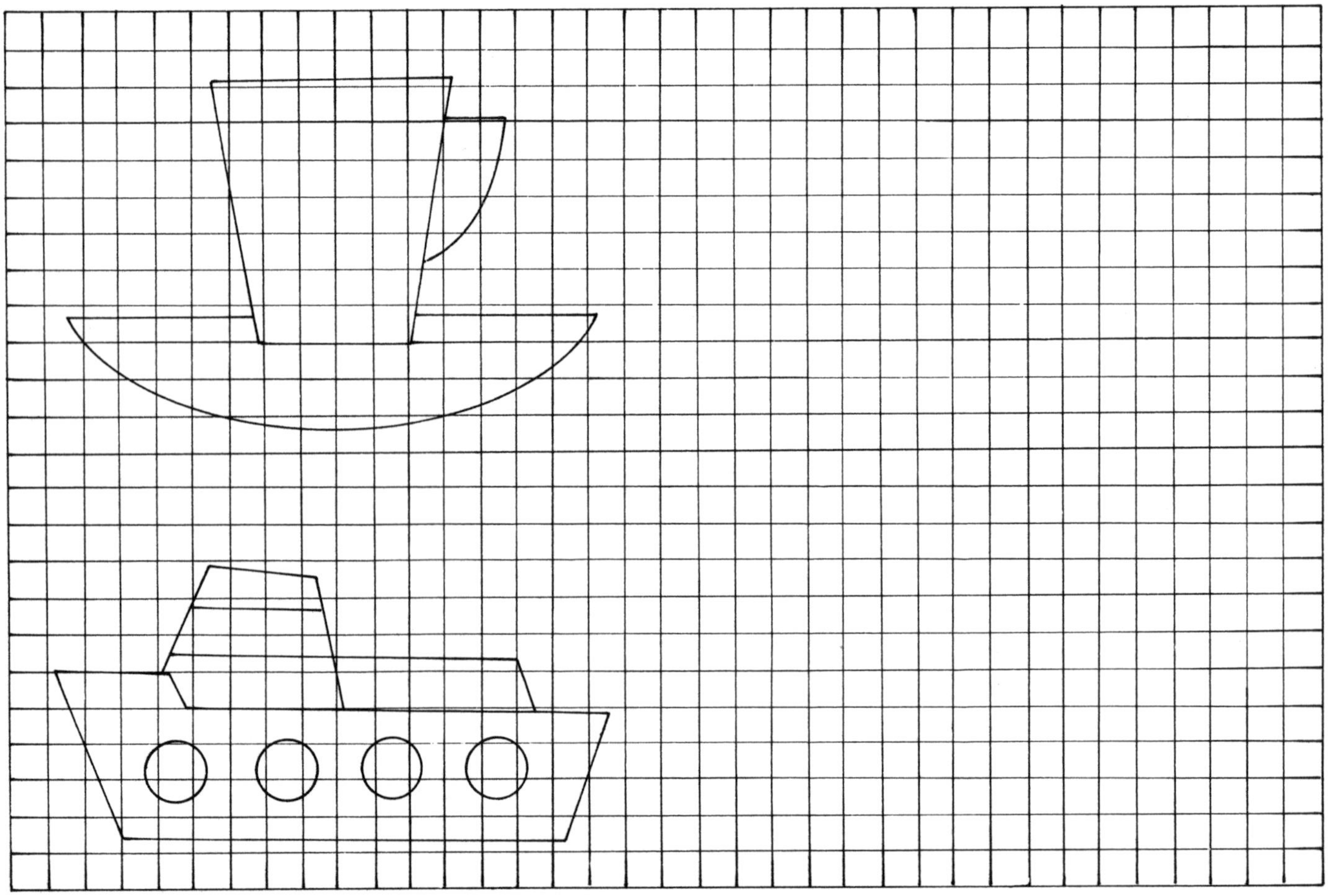

Objectif : maîtrise du dessin en miroir comme préparation à la géométrie.

Le bon calcul

Entoure le bon calcul. Le résultat est inscrit au-dessus.

33	50	18
35 – 3 = .	60 – 30 = .	9 + 9 = .
28 + 7 = .	15 × 3 = .	21 – 4 = .
18 + 8 = .	25 × 2 = .	38 : 2 = .
3 × 11 = .	42 + 3 = .	2 × 7 = .
46 : 2 = .	60 : 2 = .	35 – 6 = .

25	42	27
10 + 14 = .	41 + 8 = .	58 : 2 = .
30 – 7 = .	2 × 20 = .	17 + 7 = .
3 × 4 = .	20 + 23 = .	9 × 3 = .
50 : 2 = .	40 : 5 = .	32 – 4 = .
20 + 6 = .	51 – 9 = .	3 + 23 = .

36	7	64
6 × 6 = .	5 + 7 = .	4 × 9 = .
45 – 3 = .	25 : 5 = .	72 – 8 = .
8 + 25 = .	2 × 3 = .	4 + 58 = .
5 × 4 = .	60 : 10 = .	75 – 9 = .
50 – 20 = .	28 : 4 = .	39 + 9 = .

Objectif : calculer et comparer les résultats obtenus.

Miam ! Quel bon gâteau !

Voici une recette de gâteau que tu peux faire. Lis-la bien et réponds aux questions.

Voici un délicieux gâteau aux pommes très facile à faire !
Tu as besoin de :
5 œufs
1/4 kg de farine
1/4 kg de beurre
1/4 kg de sucre
1/2 kg de pommes

Mélange d'abord le beurre et le sucre. Ensuite ajoute les œufs puis la farine. Ajoute les pommes coupées et épluchées, mets la pâte dans un moule beurré et glisse au four moyen 3/4 d'heure à 1 heure.

Quels ingrédients as-tu besoin pour préparer 4 gâteaux ? ..... œufs, ... kilos de farine, ... kilos de beurre, ... kilos de sucre et ..... kilos de pommes.

1/2 kg de pommes = 3 pommes
1 kg de pommes = ... pommes
2 kg de pommes = ... pommes
5 kg de pommes = ... pommes

3 kg et 1/2 de pommes = ... pommes
8 kg de pommes = ... pommes
1 kg et 1/2 de pommes = ... pommes
10 kg de pommes = ... pommes

3 pommes pèsent 1/2 kg. Dessine les bons poids pour que les balances soient en équilibre.

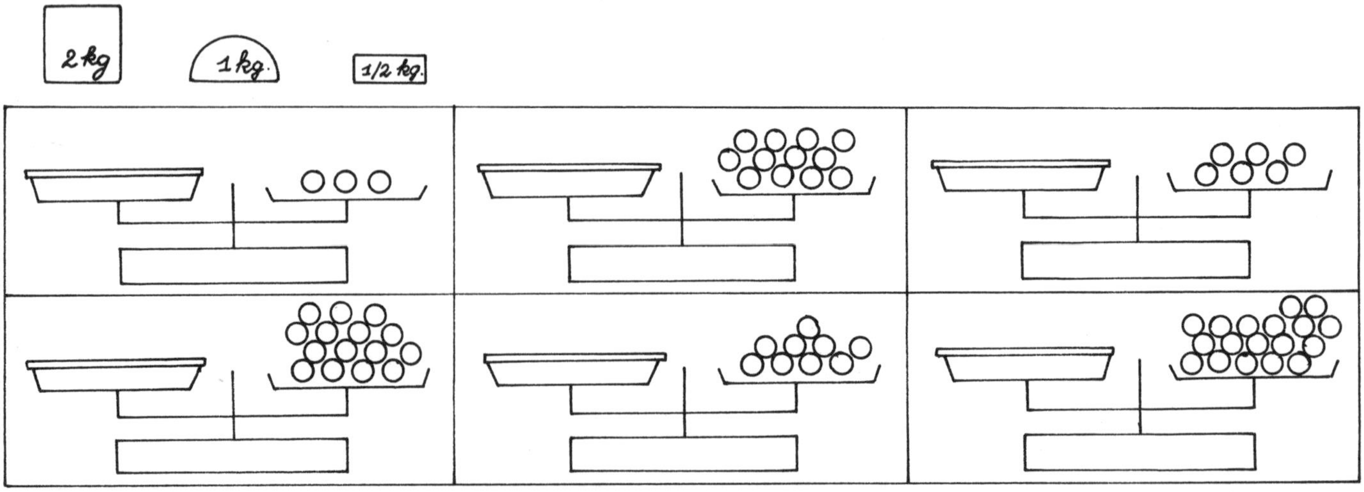

Objectif : comprendre les notions de poids (kilos, demi-kilos...).

Que dit Xavier ?

Pour savoir ce que dit Xavier, fais les calculs et écris les lettres au bon endroit, comme dans l'exemple.

		A		
6	**35**	**10**	**43**	**22**

A- 50 – 40 = 10
B- 36 : 6 = .
C- 20 + 13 = .
D- 52 + 8 = .
E- 12 : 4 = .
F- 13 + 6 = .
G- 31 + 30 = .
H- 21 : 3 = .
I- 16 + 7 = .
J- 33 + 4 = .
K- 6 × 5 = .
L- 72 – 20 = .
M- 27 : 3 = .
N- 15 : 3 = .
O- 11 × 2 = .
P- 25 – 4 = .

Q- 6 × 7 = .
R- 42 – 7 = .
S- 49 – 9 = .
T- 28 + 8 = .
U- 3 × 8 = .
V- 38 + 5 = .
W- 45 – 6 = .
X- 16 : 4 = .
Y- 18 + 9 = .
Z- 4 × 8 = .

Objectif : calculer et associer les résultats aux nombres identiques.

Les fractions

Quelle partie est coloriée ? Ecris la réponse, comme dans l'exemple.

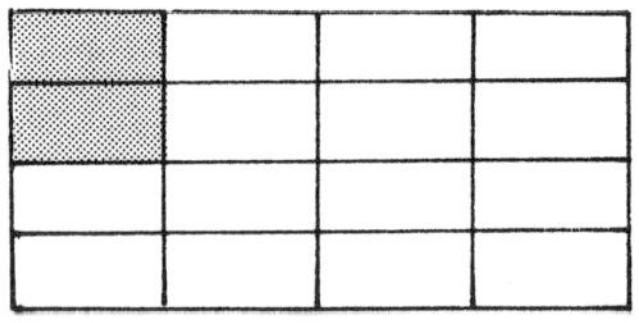

2/16

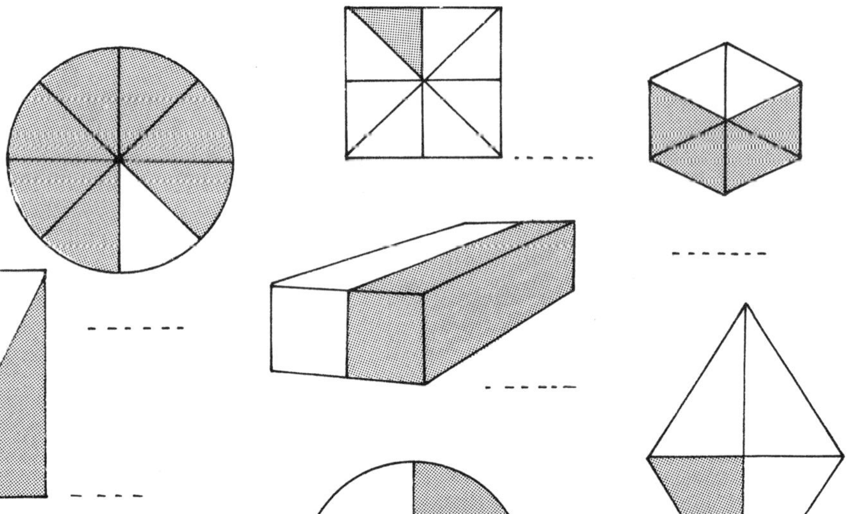

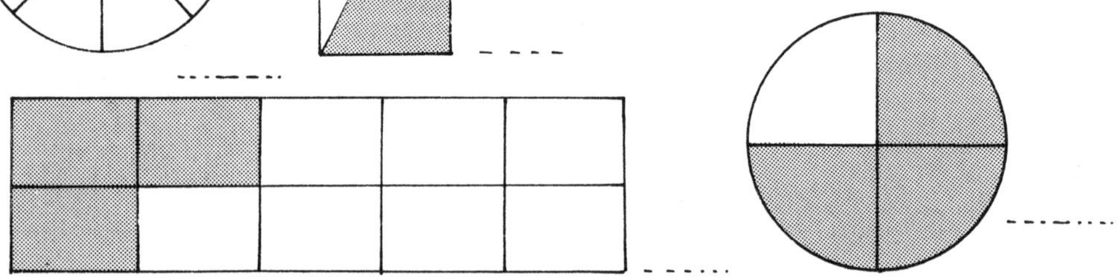

Colorie la partie indiquée, d'abord en t'aidant des lignes puis tout seul.

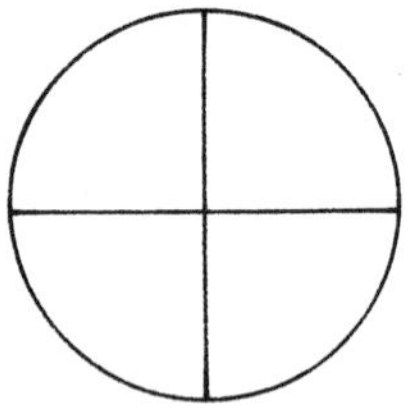

1/4

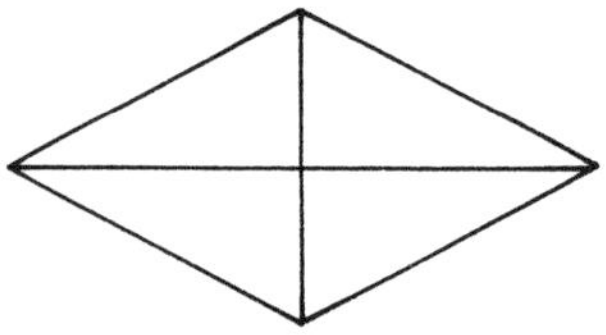

1/2

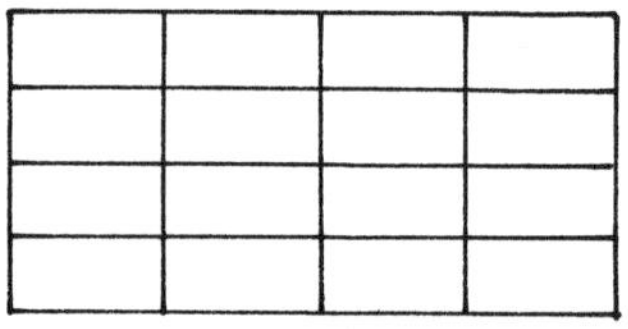

5/16

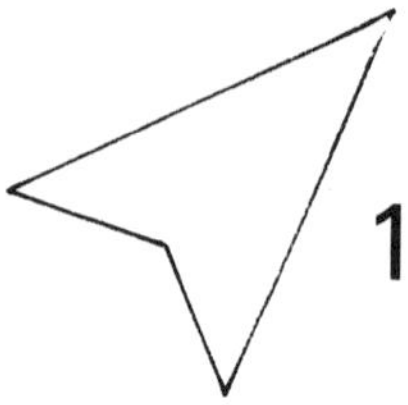

1/2

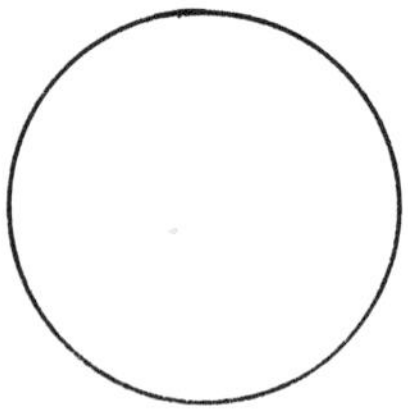

1/6

3/8

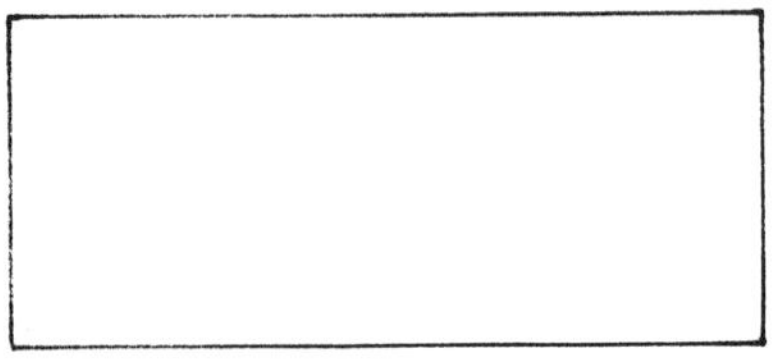

2/5

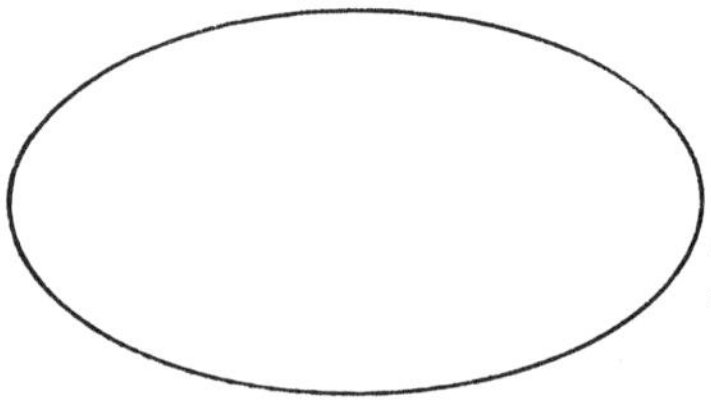

3/4

Objectif : comprendre la notion de fraction.

Les jongleurs

2 Complète les calculs des balles. Les résultats sont inscrits sur les pulls des jongleurs.

Objectif : découvrir plusieurs opérations donnant un même résultat.

Les fruits

2 Regarde bien l'exemple puis fais les autres calculs de la même façon.

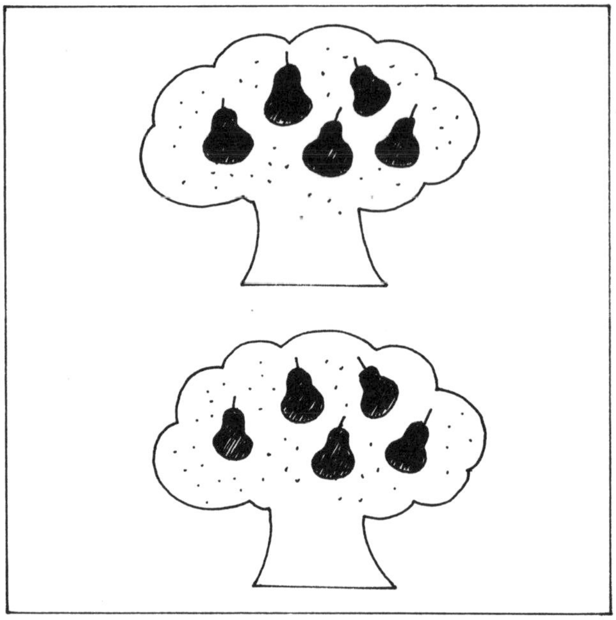

Combien de pommes : $4 \times 3 =$.

Combien de poires : $2 \times 5 =$.

Combien de fruits : $(4 \times 3) + (2 \times 5) =$.

$(3 \times 5) + (16 : 2) =$.
$(2 \times 14) + (2 \times 3) =$.
$(3 \times 3) + (3 \times 3) =$.
$(6 \times 8) + (10 : 2) =$.
$(2 \times 5) + (4 \times 6) =$.
$(1 \times 3) + (1 \times 2) =$.
$(60 : 3) + (4 \times 4) =$.
$(6 \times 5) + (5 \times 7) =$.
$(32 : 4) + (12 \times 2) =$.

$(7 \times 3) - (2 \times 4) =$.
$(27 : 9) - (1 \times 1) =$.
$(5 \times 4) - (3 \times 2) =$.
$(9 \times 5) - (60 : 2) =$.
$(3 \times 6) - (2 \times 2) =$.
$(6 \times 2) - (2 \times 5) =$.
$(7 \times 8) - (3 \times 5) =$.
$(3 \times 8) - (48 : 2) =$.
$(9 \times 4) - (90 : 3) =$.

Objectif : introduction aux calculs avec parenthèses.

Le temps

Connais-tu tous les mois de l'année ? Ecris-les dans le bon ordre.

Essaye de répondre aux questions suivantes sans te tromper.
Attention ! Parfois il existe plusieurs réponses.

Combien de mois y a-t-il en une année ? ....

Quel mois précède le mois de janvier ? ....

Quel mois vient après juin ? ....

Combien de semaines y a-t-il dans un mois ? ....

Combien de jours y a-t-il dans une semaine ? ....

Combien de jours y a-t-il dans un mois ? ....

Combien de jours y a-t-il en décembre ? ....

Combien d'heures y a-t-il dans un jour ? ....

Combien de minutes y a-t-il dans une heure ? ....

Quand fêtes-tu ton anniversaire ? ....

Quel mois préfères-tu ? ....

Quel est ton jour préféré ? ....

Objectif : maîtriser les notions relatives au temps.

A la ferme

Essaye de résoudre les petits problèmes suivants.

1- Le fermier ramasse 17 œufs bruns et 8 œufs blancs.
Combien d'œufs a-t-il ramassés en tout ?

2- La truie rose a 7 petits. La truie noire en a le double.
Combien de cochonnets a la truie noire ? Combien de cochonnets ont-elles en tout ?

3- La vache mange 19 navets. Son petit veau en mange 7 de moins.
Combien de navets mange le veau ? Combien de navets mangent-ils ensemble ?

4- Il y a 42 poissons dans la mare. 6 canards affamés arrivent en courant.
Combien de poissons peut manger chaque canard ?

5- Xavier a cueilli 8 kg de pommes, Julie en a cueilli la moitié et Arnaud le quart.
Combien de kg a cueilli Julie ? Et Arnaud ? Combien de kg ont-ils cueillis tous ensemble ?

6- La fermière achète des sacs de graines à 6 francs. Elle achète 8 sacs.
Combien doit-elle payer ?

Objectif : résoudre de petits problèmes.

Les ballons multicolores

Calcule et relie chaque enfant à ses ballons.
Qui a le plus de ballons ?

Objectif : faire les calculs et relier les résultats aux nombres identiques.

Quelle vaisselle !

2 Les enfants ont fait une course. Qui a lavé le plus d'assiettes ?

13 + 9 + 10 + 8 + 10

Michel a lavé .... assiettes.

5 + 17 + 7 + 8 + 9

Sylvie a lavé .... assiettes.

9 + 11 + 11 + 9 + 4

Bertrand a lavé .... assiettes.

Objectif : faire de longues additions.

Carrés et rectangles

Colorie les carrés en rouge et les rectangles en vert. Mesure les côtés des carrés et les longueurs et largeurs des rectangles. Ecris ce que tu as mesuré.

Rectangle 1 : longueur = ... cm
largeur = ... cm

Rectangle 2 : longueur = ... cm
largeur = ... cm

Rectangle 3 : longueur = ... cm
largeur = ... cm

Rectangle 4 : longueur = ... cm
largeur = ... cm

Rectangle 5 : longueur = ... cm
largeur = ... cm

Carré 1 : côté = ... cm
Carré 2 : côté = ... cm
Carré 3 : côté = ... cm
Carré 4 : côté = ... cm
Carré 5 : côté = ... cm

Objectif : reconnaître les carrés et les rectangles et les mesurer.

Qu'est-ce que c'est ?

Fais les calculs et relie les réponses dans le bon ordre pour savoir ce qui est dessiné.

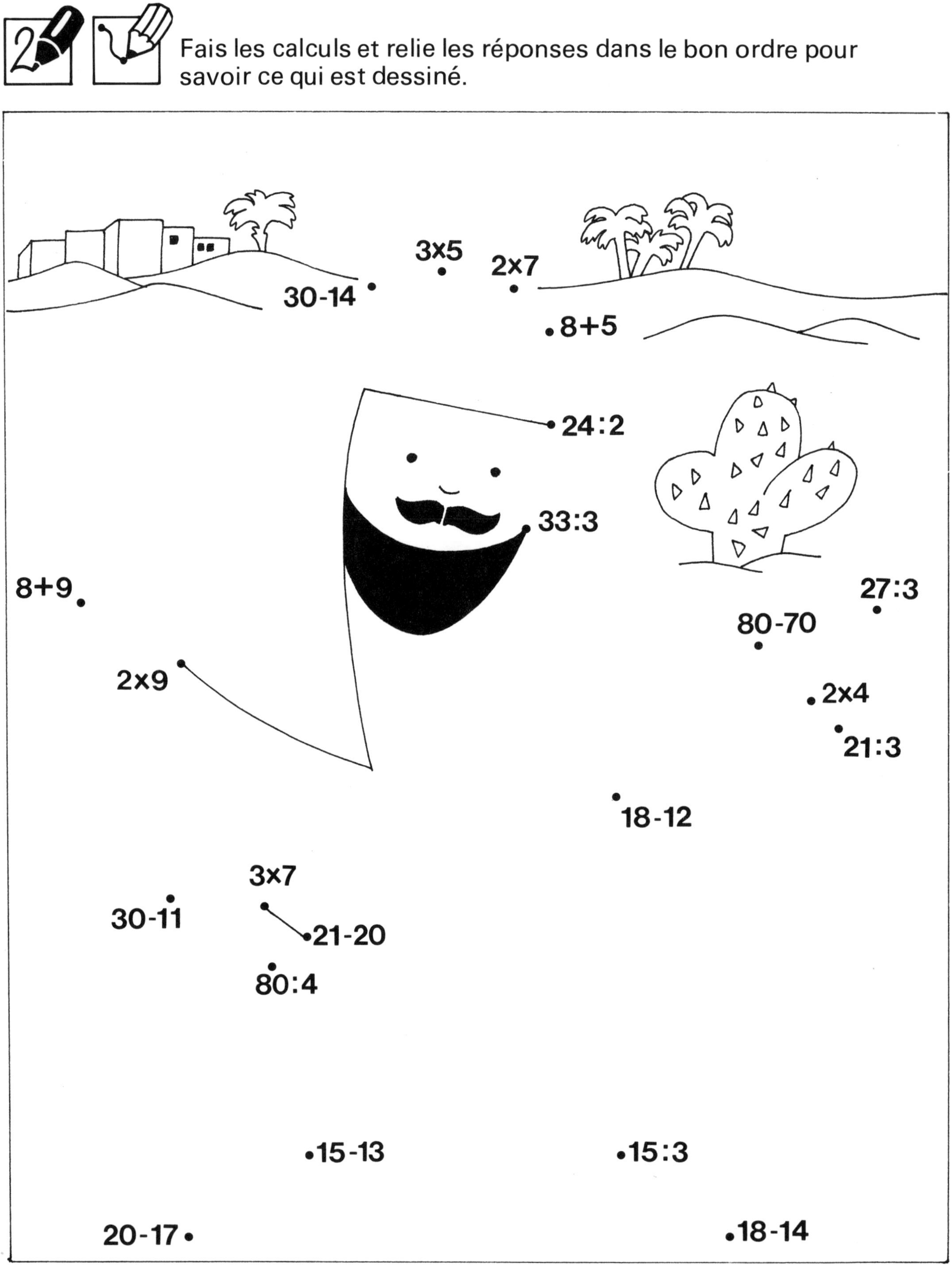

Objectif : calculer et relier les résultats obtenus dans le bon ordre.

Quelques tableaux !

Fais toutes les additions sauf si la case est coloriée.

+	12	37	50	7	23	48	73	34	15	21
3				■						
30		■				■			■	
8								■		
10	■									
9		■								■
7							■			
6				■						

Fais tous les calculs sauf si la case est coloriée.

−	8	10	4	6	7
39				■	
23		■			
70			■		
17	■				■
43				■	
16	■				

×	3	2	4	5	10
5				■	
3		■			
8					
2	■		■		
10		■			
4					■

Objectif : s'exercer à additionner, soustraire et multiplier.

Diviser

Réponds aux questions sans te tromper et écris la réponse.

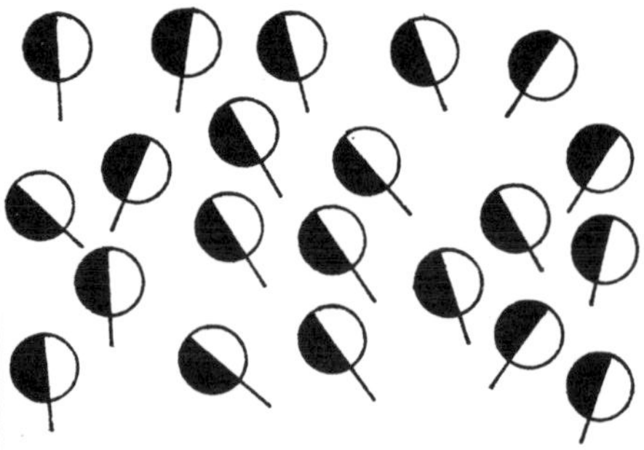

21 sucettes
Partage-les entre 7 enfants.
Chacun reçoit .... sucettes.

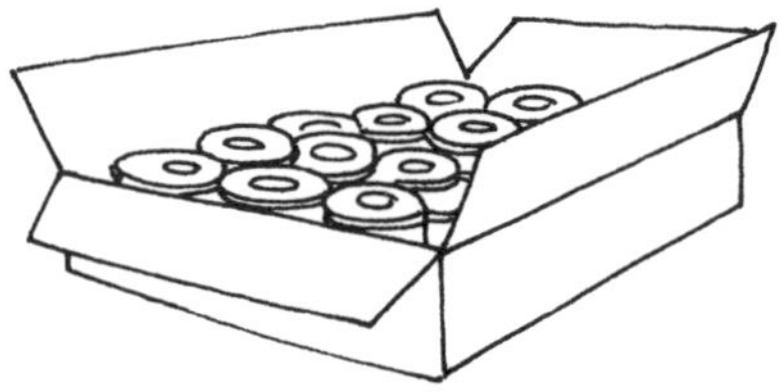

40 boîtes de limonade.
Partage-les entre 10 personnes.
Chacune reçoit .... boîtes.

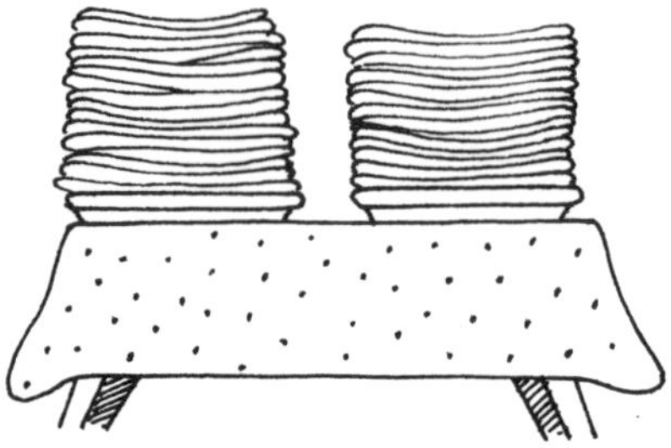

36 crêpes
Partage-les entre 4 enfants.
Chacun reçoit .... crêpes.

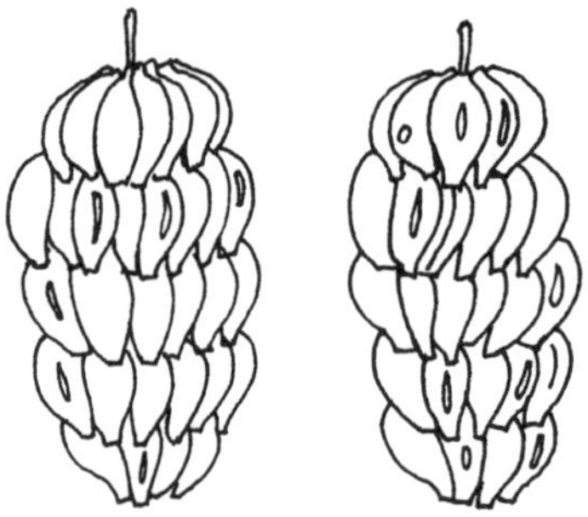

48 bananes
Partage-les entre 6 singes.
Chacun reçoit .... bananes.

25 poissons
Partage-les entre 5 canards.
Chacun reçoit .... poissons.

15 pêches
Partage-les entre 5 enfants.
Chacun reçoit .... pêches.

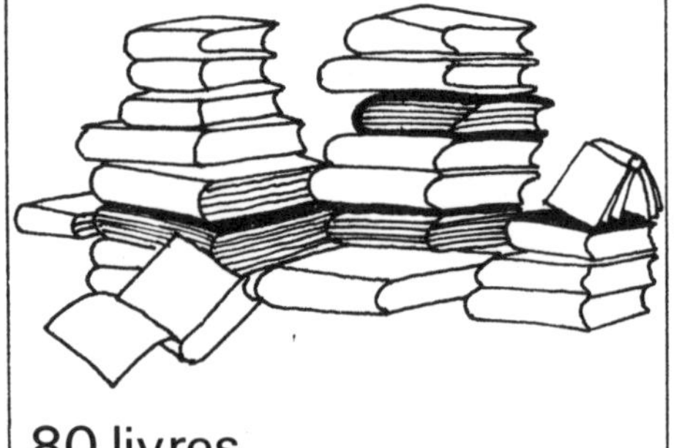

80 livres
Partage-les entre 4 classes.
Chacune reçoit .... livres.

32 crayons
Partage-les entre 8 plumiers.
Il y a .... crayons dans chaque plumier.

28 feuilles
Partage-les entre 2 arbres.
Chacun reçoit .... feuilles.

Objectif : résoudre des problèmes relatifs à la division.

Julie, Damien et Florence

2 Termine les calculs des jouets de Julie, de Damien et de Florence.Les résultats sont inscrits sur les enfants.

Objectif : calculer pour obtenir les nombres 27, 36 et 40.

Multiplications et divisions

2 Fais tous les calculs.

4 × 8 = .	4 × 7 = .	6 × 8 = .
27 : 3 = .	7 × 4 = .	5 × 8 = .
3 × 6 = .	28 : 4 = .	18 : 3 = .
19 × 2 = .	24 : 3 = .	24 : 8 = .
10 × 5 = .	5 × 6 = .	4 × 5 = .
16 : 2 = .	6 × 7 = .	28 : 7 = .
30 : 6 = .	26 : 2 = .	5 × 7 = .
15 × 3 = .	33 : 3 = .	25 : 5 = .
5 × 5 = .	2 × 5 = .	16 : 4 = .
22 : 2 = .	3 × 7 = .	20 × 4 = .
4 × 6 = .	44 : 2 = .	8 × 5 = .
32 : 8 = .	35 : 5 = .	10 × 5 = .
3 × 9 = .	7 × 8 = .	60 : 3 = .

Objectif : multiplier et diviser jusque 100.

Cours vite !

Un lion s'est enfui de sa cage. Essaye de le rattraper le plus vite possible en suivant les instructions ci-dessous.

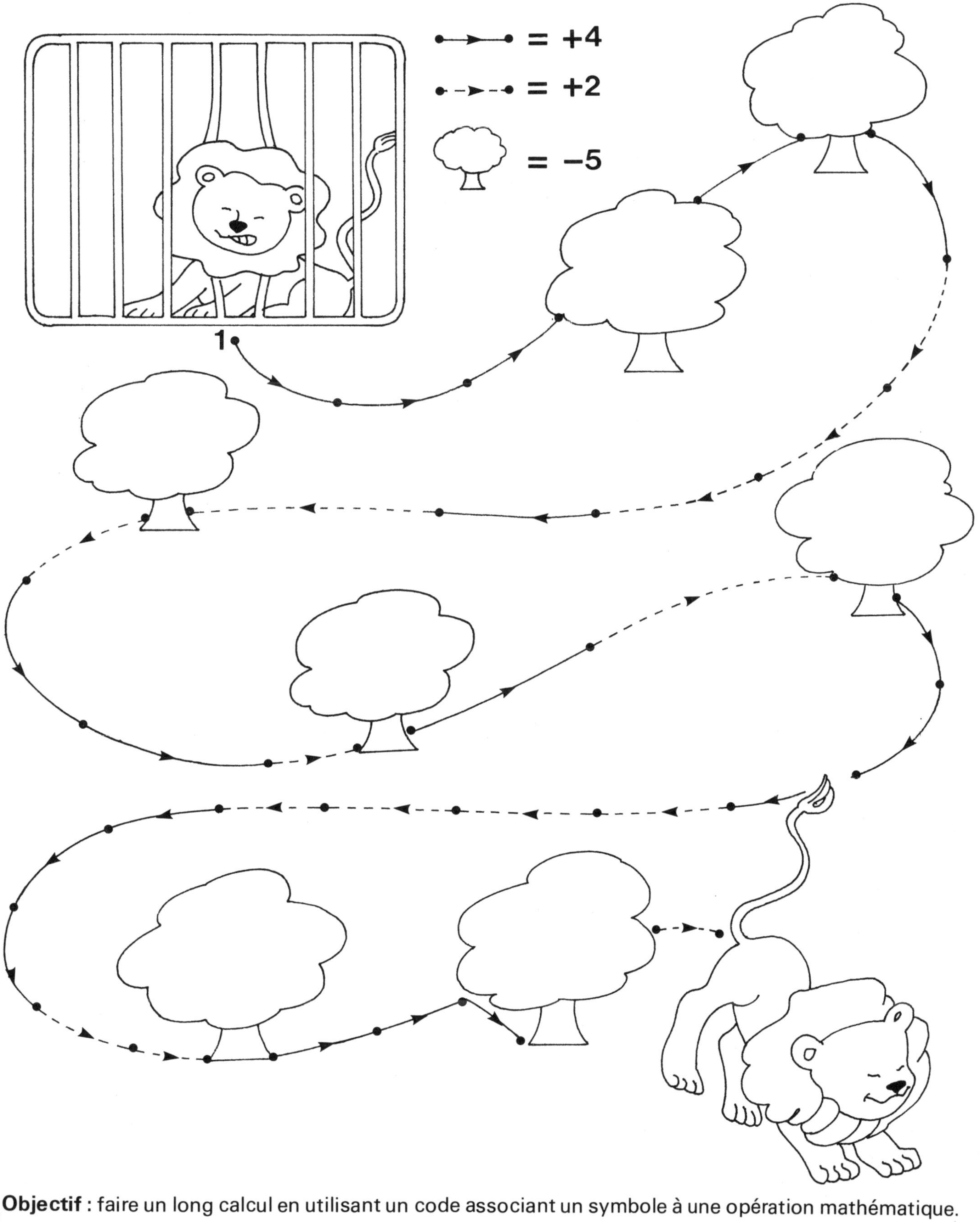

Objectif : faire un long calcul en utilisant un code associant un symbole à une opération mathématique.

Vive le sport !

Réponds aux questions le mieux possible.

Sur la piste de ski, il y a 24 skieurs. Chaque skieur a 2 skis.
Combien de skis y a-t-il en tout sur la piste ?

Marc envoie 16 balles dans le panier et Luc la moitié.
Combien de balles Luc a-t-il envoyées dans le panier ?
Combien en ont-ils envoyées ensemble ?

Quentin nage 6 longueurs en 1 heure.
Combien de temps met-il pour nager 1 longueur (en minutes) ?

Marie a reçu 36 balles de tennis et Simon en a reçu 20 de moins.
Combien de balles Simon a-t-il reçues ? Combien en ont-ils reçues ensemble ?

32 vélos ont pris le départ de la course mais 1/4 ont abandonné.
Combien de vélos ont abandonné ?
Combien de vélos ont franchi la ligne d'arrivée ?

Maud a envoyé une fois sa flèche dans le 20 points et deux fois dans le 10 points.
Combien de points a-t-elle obtenus en tout ?

Alice saute du plongeoir de 3 mètres.
Quelle est la hauteur du plongeoir en dm ? Et en cm ?

Les haltères de Bruno pèsent 5 kilos.
S'il veut porter le triple combien pèseront ses haltères ?

Objectif : résoudre de petits problèmes.

Le dessin caché

Pour savoir ce qui est caché, fais d'abord tous les calculs puis colorie les cases qui ont un résultat plus petit que 40.

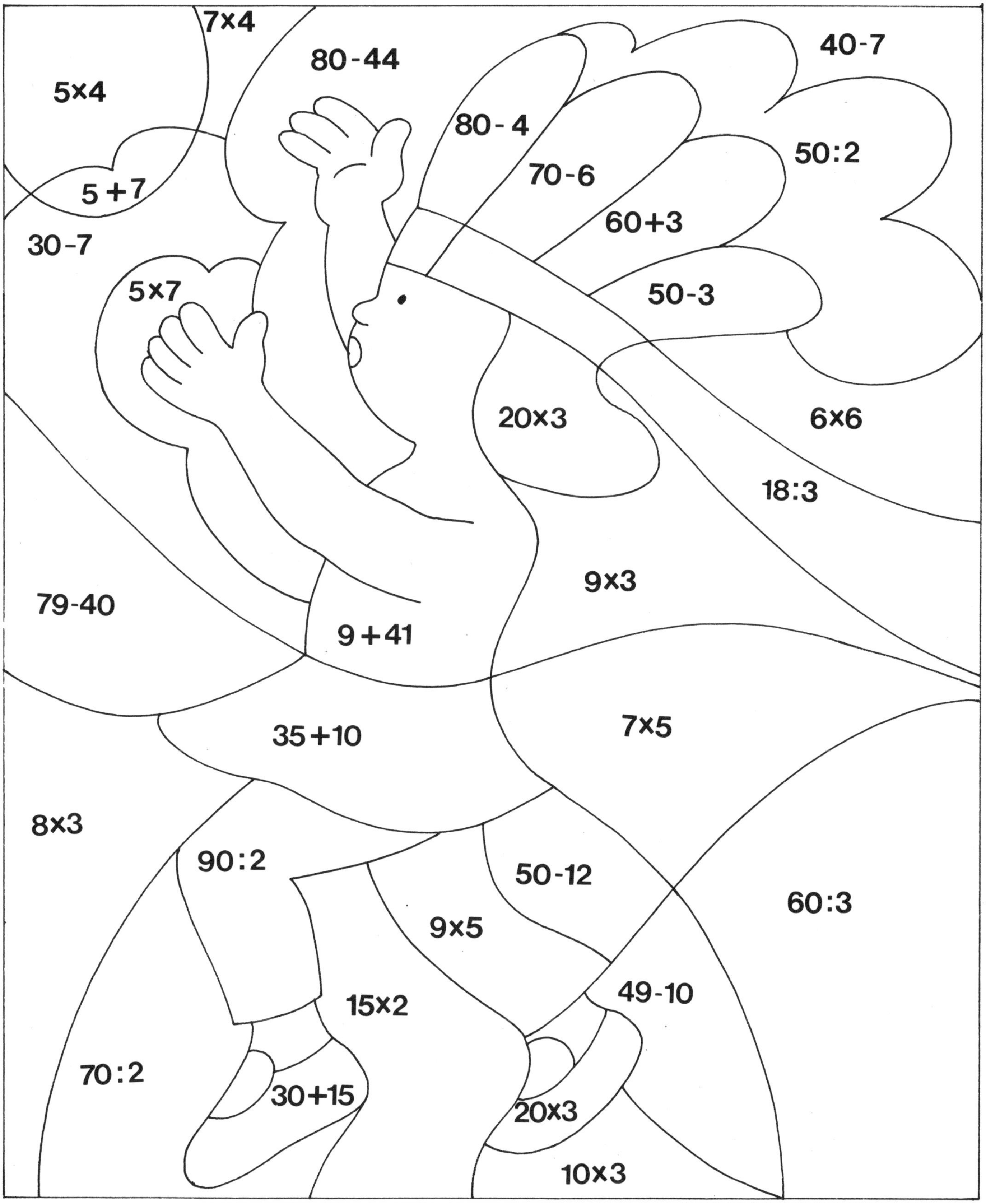

Objectif : additionner, soustraire, multiplier et diviser.

< , > ou =

Fais les calculs puis choisis le bon signe, comme dans l'exemple.

28 – 7	>	4 × 5	10 + 12		30 – 6
2 × 3		4 : 2	3 + 7		21 – 11
38 + 9		29 + 7	2 × 14		28 : 2
80 : 4		3 × 7	4 × 8		2 × 16
15 × 2		32 – 3	24 : 2		3 + 11
47 + 7		6 × 7	29 + 9		44 – 6
13 + 8		7 + 14	3 × 20		70 – 10
2 × 9		6 × 3	5 × 3		23 – 8
38 : 2		13 + 3	26 : 2		24 – 8
24 – 8		60 : 3	30 – 4		19 + 4
8 + 42		00 : 2	25 × 2		36 + 3
54 – 5		45 + 3	5 × 9		53 – 8
13 – 2		33 : 3	25 + 9		4 × 9
50 : 2		5 × 5	53 – 50		9 : 3
34 + 3		70 : 3	9 × 3		54 : 2
38 + 5		49 – 5	43 – 9		3 × 11
3 × 3		32 : 4	10 × 10		25 × 4

Objectif : calculer et utiliser les signes < , > et =.